まちごとチャイナ

Jiangsu 005 Wuxi
無　錫
「太湖湖畔」
風光明媚の地

Asia City Guide Production

【白地図】長江デルタと無錫

CHINA
江蘇省

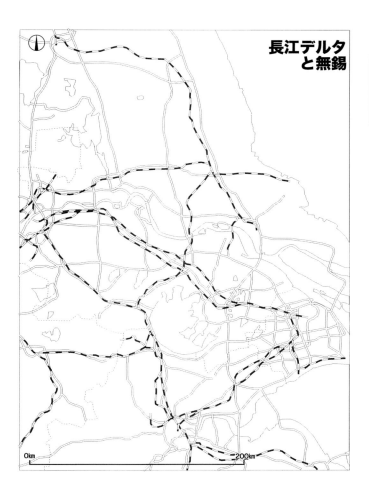

【白地図】無錫

CHINA
江蘇省

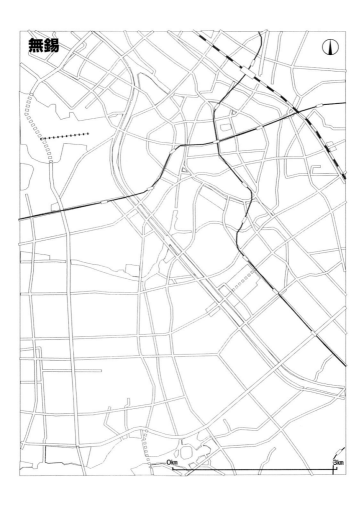

【白地図】無錫旧城

CHINA
江蘇省

無錫旧城

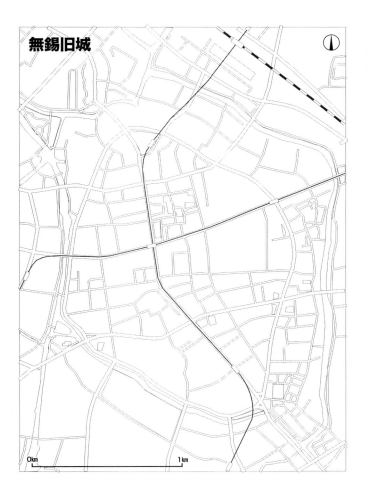

白地図

【白地図】南長街

CHINA
江蘇省

南長街

Wuxi 白地図

【白地図】恵山

CHINA
江蘇省

恵山

Wuxi 白地図

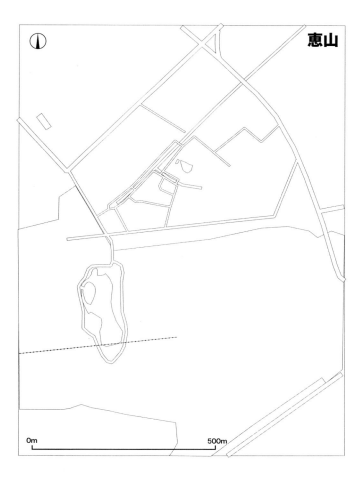

【白地図】太湖

CHINA
江蘇省

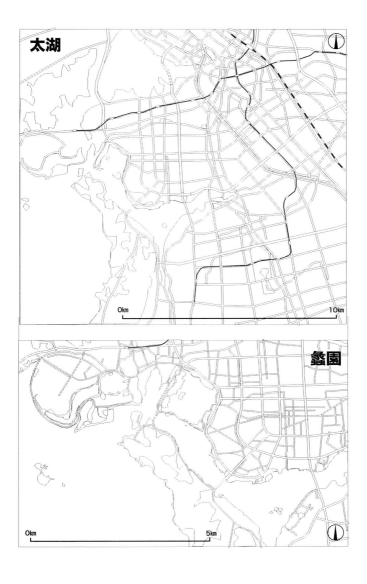

【白地図】無錫新区

CHINA
江蘇省

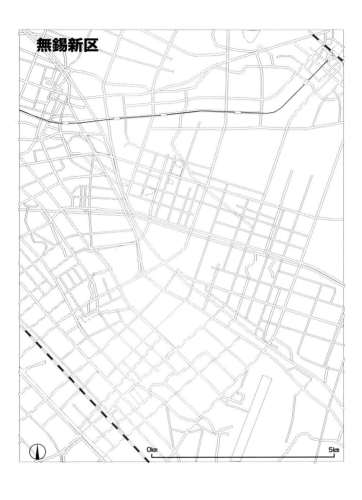

【白地図】無錫新区中心部

CHINA
江蘇省

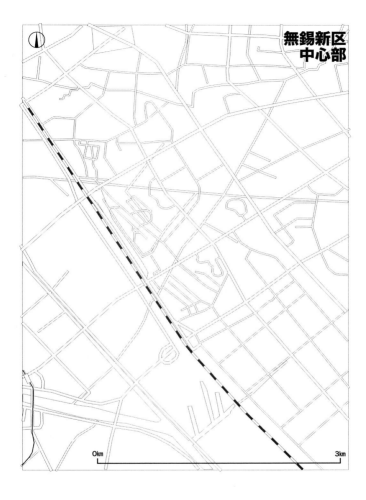

無錫新区中心部 Wuxi 白地図

【白地図】無錫郊外

CHINA
江蘇省

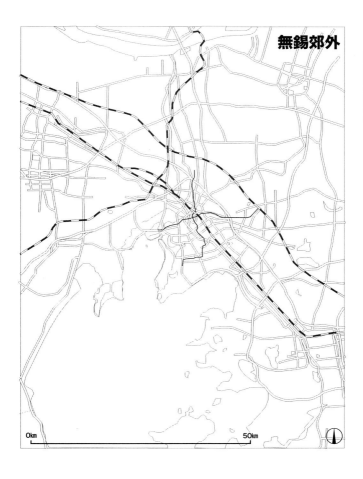

無錫郊外 Wuxi 白地図

【まちごとチャイナ】
江蘇省 001 はじめての江蘇省
江蘇省 002 はじめての蘇州
江蘇省 003 蘇州旧城
江蘇省 004 蘇州郊外と開発区
江蘇省 005 無錫
江蘇省 006 揚州
江蘇省 007 鎮江
江蘇省 008 はじめての南京
江蘇省 009 南京旧城
江蘇省 010 南京紫金山と下関
江蘇省 011 雨花台と南京郊外・開発区

CHINA
江蘇省

豊かな水をたたえる太湖の湖畔に広がり、「太湖明珠（太湖の真珠）」の言葉で知られる無錫。紀元前11世紀ごろ、最初期の呉の都がこの地におかれて以来、風光明媚の地として知られ、清代、南巡した北京の乾隆帝もしばしば太湖に船を浮かべたという。

この無錫は江南を代表する都市、蘇州と南京のあいだに位置し、また中国の南北を結ぶ大運河が流れる要地にあたった。とくに近代の19世紀末以来、中国民族工業の発祥地となり、「工業都市」無錫の性格は1949年の中華人民共和国成立後も

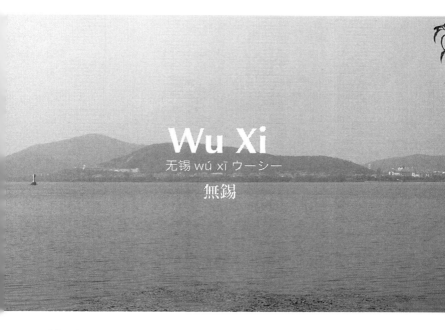

Wu Xi
无锡 wú xī ウーシー
無錫

続いた。

　こうしたなか1980年代に改革開放が進められると、無錫で農村発の企業（郷鎮企業）が次々に生まれ、規模は小さいけれども高い経済力をもつ都市へと成長をとげた。現在、日本企業も多く進出して長江デルタ経済圏を構成するほか、太湖を中心とした自然、観光などの分野で注目を集めている。

【まちごとチャイナ】

江蘇省 005 無錫

目次

無錫	xx
神仙棲む太湖に育まれた	xxvi
無錫旧城城市案内	xxxiii
無錫城外城市案内	xlix
太湖城市案内	lxiii
無錫新区城市案内	lxxv
無錫郊外城市案内	lxxxii
城市のうつりかわり	lxxxix

【MEMO】

【地図】長江デルタと無錫

CHINA
江蘇省

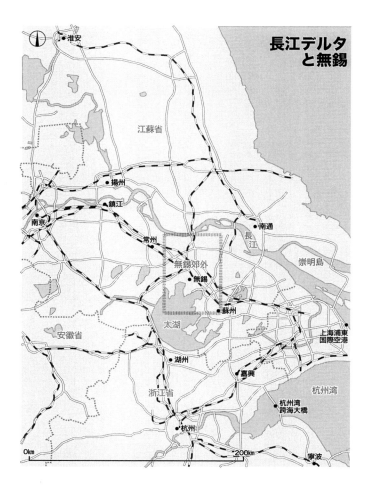

長江デルタ
と無錫

神仙棲む太湖に育まれた

CHINA
江蘇省

江南屈指の豊かな土地とされてきた蘇南地域
無錫は他の中国にさきがけて
中国人自身による工業化が進んだ都市でもある

豊かな自然と豊かな文化

太湖を中心に河川や水路がめぐる無錫あたりでは、二期作、三毛作も可能で、蘇州や常州とともに「魚米の里」という性格をもつ。大運河を使った米の集散地となっていたほか、養蚕も盛んなことから「衣の郷」とも呼ばれ、とくに明代以来、手工業の伝統が続いてきた。こうした豊かな土地柄は多くの文人を輩出し、東晋時代の画家、顧愷之、近代の美術家、徐悲鴻などの無錫出身者がいる（また明代、江南の文人が集まった東林党は無錫を拠点においた）。現在、太湖のほとりには自然の景観を利用した庭園がいくつも見られ、保養地、観光

Wuxi 神仙棲む太湖に育まれた

地の側面ももつ。

無錫の位置と構成

無錫の東128kmに上海、西183kmに江蘇省省都の南京が位置し、蘇南地域には蘇州や崑山、常州といった都市が密集している。現在の無錫は1980年代から都市整備が進み、かつて城壁に囲まれていた旧城を中心に市域は拡大して、東側に開発区の無錫新区、南部には新たな行政中心の太湖新城がおかれることになった。また無錫市街から東20kmに蘇南碩放国際空港、北東43kmの長江沿いに張家港港も位置する環境を

CHINA
江蘇省

もつ。太湖をはさんで西の宜興も無錫市にあたり、宜興は陶器や茶器などの美術工芸品で知られる。

無錫という地名の由来

「無錫」という地名は、秦代以前（〜紀元前3世紀）に錫（すず）がとれたが、続く漢代に錫が枯渇したことにちなむ。銅と錫を合金することで青銅器がつくられ、古代世界では青銅器は祭祀の道具、武器、農具などに利用される大変、貴重なものだった（金・銀・銅・鉄・錫が五金にあげられ、青銅器は鉄器登場以前に人類がはじめて手にした合金だった）。そ

▲左 豊かな水をたたえる太湖。　▲右 無錫の市域は拡大を続けている、太湖新城にて

Wuxi 神仙棲む太湖に育まれた

のため、錫をめぐる争いは絶えず、錫がなくなったことを宣言するため、人々はこの地を「有錫」から「無錫」と呼ぶようになった。錫が採掘されたという錫山の地下には良質の土があり、この土でつくられた恵山人形は無錫の名産品となっている。

【地図】無錫

【地図】無錫の［★★★］
- ☐ 太湖 太湖タァイフウ

【地図】無錫の［★★☆］
- ☐ 南禅寺商場 南禅寺商场ナンチャンスーシャンチャン
- ☐ 清名橋古運河景区 清名桥古运河景区 チンインチャオグウユンハァジンチュウ
- ☐ 恵山古鎮 惠山古镇フイシャングウチャン
- ☐ 蠡園 蠡园リイユゥエン

【地図】無錫の［★☆☆］
- ☐ 無錫旧城 无锡旧城ウーシージィウチャン
- ☐ 東林書院 东林书院ドンリンシュウユゥエン
- ☐ 南長街 南长街ナンチャンジエ
- ☐ 運河公園 运河公园ユンハァゴンユゥエン
- ☐ 京杭大運河 京杭大运河ジンハンダァユンハァ
- ☐ 棉花巷 棉花巷ミィアンファシィアン
- ☐ 無錫博物館 无锡博物馆ウーシーボォウゥグァン

CHINA
江蘇省

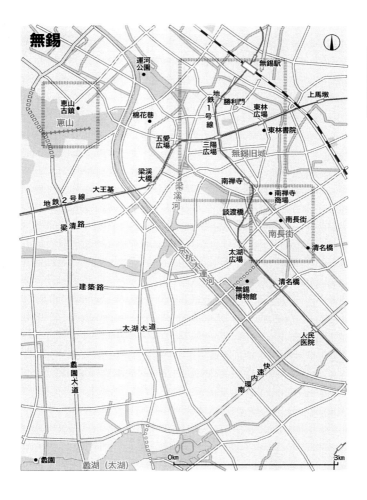

Wuxi 神仙棲む太湖に育まれた

【MEMO】

CHINA
江蘇省

Guide,
Wu Xi Jiu Cheng
無錫旧城
城市案内

北京と杭州を結ぶ京杭大運河のほとり
水路で囲まれた楕円形の街区を残す無錫旧城
東林書院や南禅寺商場などが位置する

無錫旧城 无锡旧城
wú xī jiù chéng ウーシージィウチャン [★☆☆]

無錫駅の南東に広がる無錫旧城。かつて中国の伝統的な街は城壁に囲まれ、江南地方では城壁とともに濠（環城河）が掘られていた。無錫旧城では上海旧城と同じ楕円形の街区が見られ、古くから無錫の中心だった城中公園一帯は再開発が進んで超高層ビルが姿を現している。

【地図】無錫旧城

【地図】無錫旧城の ［★★☆］
- ☐ 崇安寺歩行街 崇安寺步行街 チョンアンスーブゥシンジエ
- ☐ 南禅寺商場 南禅寺商场ナンチャンスーシャンチャン

【地図】無錫旧城の ［★☆☆］
- ☐ 無錫旧城 无锡旧城ウーシージィウチャン
- ☐ 東林書院 东林书院ドンリンシュウユゥエン
- ☐ 西水墩 西水墩シイシュイドン
- ☐ 南長街 南长街ナンチャンジエ
- ☐ 北大街 北大街ベイダアジエ

CHINA
江蘇省

崇安寺歩行街 崇安寺步行街 chóng ān sì bù xíng jiē
チョンアンスーブゥシンジエ ［★★☆］

中山路と人民路が交差する無錫旧城の中心に位置する崇安寺歩行街。1980年代以後に崇安寺が再建され、美食街が集まる一大商業施設へと変貌した（古い仏教寺院と現代的なショッピング・モールが併存する）。周囲には大型商店や高層ビルが立つほか、清末以来の城中公園も整備され、無錫でもっともにぎわう場所となっている。

▲左　無錫旧城中心部、高層ビルが林立する。　▲右　古さと新しさが交差する崇安寺歩行街

崇安寺と王羲之

崇安寺は中国屈指の書聖王羲之（307～365年）の一族が邸宅を構えていた場所と伝えられる。晋代、八王の乱（291～306年）の混乱のなか、王族のひとり琅邪王司馬睿は307年、王導をともなって南京へ移住した。華北が異民族に占領されると、317年、晋の一族は南遷していた司馬睿を皇帝として南京を首都に東晋を樹立した。このとき漢族の多くが江南へ移住し、そのなかに琅邪（山東省）にいた王羲之の父王曠もいた。漢族の南遷は江南の地に文化をもたらし、貴族による六朝文化が花開いた。

CHINA
江蘇省

東林書院 东林书院
dōng lín shū yuàn ドンリンシュウユゥエン ［★☆☆］

東林書院は、明末の 1604 年、在野の知識人顧憲成が顧允成などとともに故郷の無錫で建設した書院（顧憲成は、北京で文官の人事を担当する吏部主事をつとめていたが、宮仕えから罷免された）。この地は朱子学の形成にも影響をあたえた「宋代の儒者」楊時の祠があった場所で、東林書院に集まる人々は東林党と呼ばれるようになった。明末、宦官が跋扈して政治が腐敗するなか、江南の文人が集まって講じた思想や世論は、当時の世の中に大きな影響をあたえた。東林党は、対立

▲左　明末期に多くの文人が集まった東林書院。　▲右　中国の伝統建築に現代の要素が加えられている

していた宦官派の魏忠賢の弾圧を受け、1625年に閉鎖された。

明末の混乱のなかで

「明は万暦に滅ぶ」と言われるほど、第14代万暦帝の時代から中国は混乱をきわめた（「万暦の三大征」のひとつは、豊臣秀吉の朝鮮出兵に対するものだった）。万暦帝の跡継ぎ争いから暴漢が皇太子の宮殿に闖入した問題（挺撃）、第15代泰昌帝が薬を飲んで生命を落とし、在位わずか1か月だった問題（紅丸）、16歳で即位した第16代天啓帝が宦官と結んだ妃と同居し、それに反対して移宮が主張された問題（移宮）。

CHINA
江蘇省

これらをめぐって東林党は宦官派と対立し、人々の支持を集めた。1627年に第17代崇禎帝が即位すると宦官派に替わって東林党が勢力をにぎったが、すでに明朝は死に体で1644年に明は滅ぶことになった。

西水墩 西水墩 xi shuǐ dūn シイシュイドン ［★☆☆］
古運河と梁溪河が交差する無錫旧城の西門外、四方を水に囲まれて島状に浮かぶ西水墩。この地は宋代の官吏の邸宅や道教の水仙廟があった場所で、20世紀末に再整備され、現在は無錫市文化館として開館している。漆喰で塗られた白の壁、

黒の屋根をもつ伝統的な江南住宅となっていて、無錫ゆかりの書家の展示などが見られる。

南禅寺商場 南禅寺商场 nán chán sì shāng chǎng
ナンチャンスーシャンチャン ［★★☆］

無錫旧城の南門付近、古運河沿いに立つ南禅寺を中心に商店、レストランが集まる南禅寺商場。南禅寺は6世紀の梁武帝の時代に創建された歴史をもち、江南を代表する仏教寺院だった（南京に都をおいた梁の武帝は、国家財政を傾けるほど仏教に傾倒した）。その後、荒廃していたが、改革開放後

▲左　再建された南禅寺と妙光塔。　▲右　多くの店が軒を連ねる南禅寺商場

の1980年代に文化商城として整備され、かつて無錫南側の目印となっていた高さ43.3mの妙光塔も再建された。

無錫料理

無錫料理はじめ、中国各地の料理や小吃を出す店がずらりとならぶ南禅寺商場。「魚米の里」と知られた無錫では、太湖でとれる豊富な種類の魚をもちいた料理が食されてきた。白く透き通った銀魚、白蝦、白魚の「太湖三白」、たけのこやしいたけと一緒に桂魚を蒸した料理、叫化鶏（乞食鶏）を蒸した荷叶局鶏、魚の皮を使ったワンタンなどの無錫料理が知られる。

【MEMO】

【地図】南長街

【地図】南長街の [★★☆]
- [ ] 清名橋古運河景区 清名桥古运河景区
  チンインチャオグウユンハァジンチュウ
- [ ] 南禅寺商場 南禅寺商场ナンチャンスーシャンチャン

【地図】南長街の [★☆☆]
- [ ] 南長街 南长街ナンチャンジエ [★☆☆]

南長街

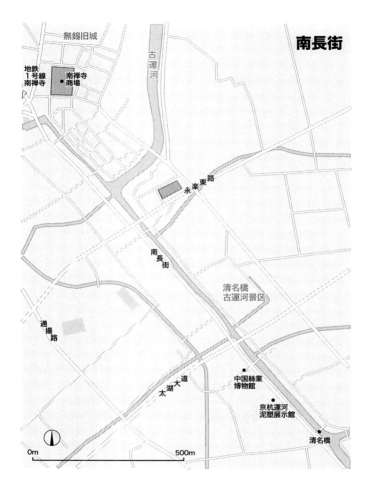

CHINA
江蘇省

清名橋古運河景区 清名桥古运河景区 qīng míng qiáo gǔ yùn hé jǐng qū チンインチャオグウユンハァジンチュウ[★★☆]

アーチ型の清名橋はじめ、古運河を中心とした伝統的な街並みが続く清名橋古運河景区。無錫では船による物資の運搬、移動が行なわれ、蘇州や上海との船が往来していた。清名橋古運河景区では、運河にのぞむ白壁、黒の屋根瓦の江南住宅が残り、古い廟や明清時代から続く邸宅なども見られる。

南長街 南长街 nán zhǎng jiē ナンチャンジエ ［★☆☆］
無錫城外の南長橋から古運河に沿って 1.5km続く南長街。無錫の経済発展とともに整備が進み、「水弄堂」と呼ばれる通りには無錫名産の恵山人形、絹にまつわる博物館も位置する。また夜ににぎわうバー・ストリートの顔ももっている。

Guide,
Wu Xi Cheng Wai
無錫城外
城市案内

無錫城外を流れる京杭大運河
無錫の地名の由来となった錫恵公園
恵山古鎮では明清時代の街並みが見られる

北大街 北大街 běi dà jiē ベイダアジエ ［★☆☆］
無錫旧城の北城外から京杭大運河に向かって伸びる北大街。明清時代、運河を通って運ばれた物資がここに集散され、清末、無錫は蕪湖、漢口とならぶ米の集散地となっていた（北大街では城内に運び入れる手間が省け、ちょうど蘇州西城外の山塘街のような性格をもっていた）。北大街から水路沿いの北塘大街にかけて、銀行や銭荘、茶館や倉庫がずらりとならび、かつては無錫でもっともにぎわう場所だった。

CHINA
江蘇省

運河公園 运河公园
yùn hé gōng yuán ユンハァゴンユゥエン ［★☆☆］

京杭大運河と、そこから無錫旧城へ続く梁溪河が交わる地点に位置する運河公園。昆曲の台本や琵琶などの楽器が展示された中国民族音楽博物館が立つほか、老舗料理店なども出店している。

▲左　お洒落な店の姿も見える。　▲右　運河によって無錫は発展してきた

京杭大運河 京杭大运河
jīng háng dà yùn hé ジンハンダァユンハァ [★☆☆]

豊かな江南の穀物を北へ、華北の石炭を南へ送るなど、中国の大動脈となってきた京杭大運河（7世紀、隋の煬帝がそれまで使われていた運河を結びつけた）。この大運河が鎮江から無錫、蘇州、杭州へと続き、人、もの、情報が行き交う運河沿いの都市は繁栄した。大運河は都市と都市を結ぶ高速道路の役割を果たしていたが、1905年、上海と無錫を結ぶ鉄道が開通したことでその地位はさがっていった。

CHINA
江蘇省

棉花巷 棉花巷 mián huā xiàng ミィアンファシィアン[★☆☆]
無錫旧城西城外の棉花巷は、近代、中国人による民族資本の紡績業や繊維産業の拠点がおかれたところ。無錫は上海に近い土地柄もあって、栄宗敬、栄徳生の栄家企業をはじめ、5つの家族企業を中心とした近代工業が発達した。これらの企業は高利貸し事業による資本をもとに、紡績（衣）、製粉（食）など生活に密着した分野から工業化を進めた。

独自の工業化

アヘン戦争後の1842年に開港された上海や天津で、外国資

Wuxi 無錫城外城市案内

本の影響のもと進められた中国の近代工業。上海への適度な地の利をもつ無錫では、19世紀末から他の地域に先駆けて工業化がはじまり、外国資本の入っていない中国人による民族資本がいくつも生まれた。上海から資金が流れたこと（上海の受け皿となっていた）、安価な労働力が使えたこと、周囲に綿花や絹の産地があったこと、また耕地の狭い無錫では農業から工業にシフトしやすかったことなどが、無錫の工業化の理由にあげられる。無錫は小さな都市規模に対して高い経済力をもち、1933年、無錫の工業総生産は上海、広州につぐほどの数字だった。

【地図】恵山

【地図】恵山の ［★★☆］
- □ 恵山古鎮 惠山古镇 フイシャングウチャン
- □ 寄暢園 寄畅园 ジイチャンユゥエン

【地図】恵山の ［★☆☆］
- □ 錫恵公園 锡惠公园 シィフイゴンユユエン
- □ 恵山寺 惠山寺 フイシャンスー
- □ 天下第二泉 天下第二泉 ティエンシャアディイアァチュエン
- □ 龍光塔 龙光塔 ロングァンタア

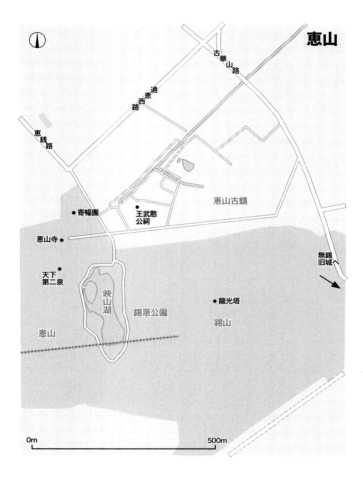

CHINA
江蘇省

恵山古鎮 惠山古镇
huì shān gǔ zhèn フイシャングウチャン [★★☆]

錫山と恵山の北東側、江南の伝統的な集落のたたずまいを見せる恵山古鎮。鎮の入口には牌坊が立ち、そこから老街へいたると、通りの両脇には白壁、黒の屋根をもつ住宅が続く。王武愍公祠（無錫泥人形博物館）などの祠堂や道教寺院、茶館がならび、明清時代の面影を今に伝える。恵山の地下からとれる土でつくられた恵山泥人形は無錫の名産品となっている。

▲左　恵山古鎮を訪れていた人々。　▲右　明清時代を彷彿とさせる街並み

恵山泥人形

恵山の地下1mから産出された土で制作される彩色泥人形。きめ細やかで潤いのあるこの泥は曲げても折れず、干してもさけない品質をもつ(「恵泉山下土如濡」と言われ、焼成せずに彩色される)。明代の16世紀からの伝統があり、農民たちが農閑期に酒瓶や花瓶とともに人形をつくっていたことにはじまるという。大阿福、西施などの美女、鳥獣などの人形が制作され、型どりされた人形はひとつひとつ丁寧に彩色される。また太湖をはさんで対岸の無錫宜興の陶芸も知られ、宜興産の茶杯はお茶の味が逃げずに持続するという。

江蘇省

錫恵公園 锡惠公园
xī huì gōng yuán シィフイゴンユゥエン [★☆☆]

平原が続く長江デルタにあって、江南を代表する名山にあげられる高さ329mの恵山と、「無錫の錫山に錫無し」と言われた錫山をあわせた区域からなる錫恵公園。1958年、ふたつの山のあいだに映山湖を開削して整備され、敷地内には庭園や仏教寺院などの遺構が点在する。9つの峰をもつ恵山には9匹の龍が棲むと言われ、多くの泉がわくことから恵泉山の呼称でも知られる。

寄暢園 寄畅园 jì chàng yuán ジイチャンユゥエン ［★★☆］
錫山と恵山を借景とし、江南を代表する名園の寄暢園。元代、仏教寺院だったところを、明代の16世紀に庭園として整備され、清朝第4代康熙帝、第6代乾隆帝が南巡の際に訪れた。園内は池を中心とする東部と、樹木と築山を中心とする西部にわかれ、寄暢園という名前は王羲之の「寄暢山水蔭」からとられている。頤和園（北京）の諧趣園はこの庭園をもとに造園されたという。

江蘇省

恵山寺 惠山寺 huì shān sì フイシャンスー ［★☆☆］

仏教が盛んに信仰された南朝梁代（502 〜 557 年）に創建された恵山寺。この寺院の門前には石経鐘の「惠山唐宋経幢」が立つ。恵山という名前は、晋代（265 〜 420 年）の僧侶慧照がこの山に棲んだことに由来し、「慧」と「恵」が同じ音であったことから 1074 年、恵山と呼ばれるようになった。

天下第二泉 天下第二泉 tiān xià dì èr quán
ティエンシャアディイアァチュエン ［★☆☆］

錫恵公園には多くの泉がわき、そのなかでも龍眼泉は「天下

▲左　錫山の頂上に立つ龍光塔。　▲右　錫恵公園の入口

第二泉」とたたえられる。古くは戦国時代、楚の宰相春申君がここで馬に水を飲ませたと言われ、その後、唐代の陸羽が鉱物をふくんだこの水で入れたお茶のうまさから、天下第二泉になった。

龍光塔 龙光塔 lóng guāng tǎ ロングァンタア ［★☆☆］
高さ 74.8m の錫山の頂上にそびえる龍光塔。16 世紀の明代に創建された八角七層の塔で、ここから太湖を一望できる。

Guide, Tai Hu
太湖
城市案内

近代、無錫の工業化を進めた民族資本家たち
莫大な富をもって太湖湖畔の風光明媚の地に
庭園を築いていった

太湖 太湖 tài hú タァイフウ [★★★]

天然の真珠にたとえられ、鄱陽湖（江西省）、洞庭湖（湖南省）につぐ中国有数の大きさをもつ太湖。古く海だったところを、長江による堆積作用で切り離され、深さ3mほどの淡水湖となった。太湖にはえび、蟹、白魚など豊富な魚介類が生息し、中国庭園にかかせない太湖石の産地でもある。太湖の恵みが豊かな魚米の里をつくり、無錫、蘇州をふくむこの地域は中国有数の人口密集地帯となっている。

【地図】太湖

【地図】太湖の [★★★]
- [ ] 太湖 太湖タァイフウ

【地図】太湖の [★★☆]
- [ ] 蠡園 蠡园リイユゥエン

【地図】太湖の [★☆☆]
- [ ] 黿頭渚 鼋头渚ユゥエントウチュウ
- [ ] 梅園 梅园メイユゥエン
- [ ] 三国影視城 三国影视城サングゥオインシィチャン
- [ ] 水滸城 水浒城シュイフウチャン
- [ ] 太湖新城 太湖新城タイフウシンチャン
- [ ] 無錫市民中心 无锡市民中心ウーシーシィミンチョンシン
- [ ] 無錫博物館 无锡博物馆ウーシーボォウゥグァン
- [ ] 京杭大運河 京杭大运河ジンハンダァユンハァ
- [ ] 南長街 南长街ナンチャンジエ
- [ ] 無錫旧城 无锡旧城ウーシージィウチャン

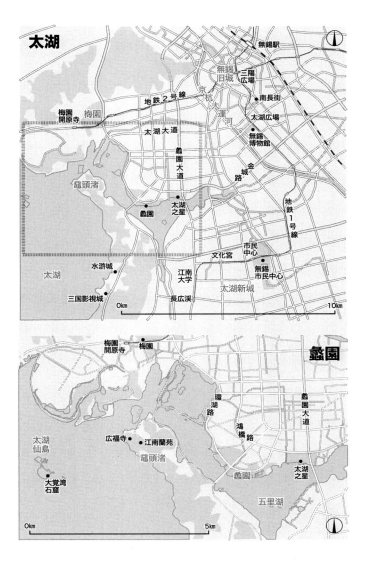

CHINA
江蘇省

蠡園 蠡园 lí yuán リイユゥエン ［★★☆］

蠡園は太湖へ続く五里湖の水景をたくみに利用した江南の名園のひとつ。1927年、無錫の民族資本家、王禹卿が20余万元という大金をそそぎこんで造園した。蠡園完成後の1930年に開館した漁荘と回廊で結ばれ、現在では蠡園に隣接して大観覧車で知られる太湖之星も隣接する。このあたりは春秋時代の呉越の戦いに勝利した越の宰相范蠡が隠居して西施と舟遊びをした場所だとも伝えられ、蠡園の名前は宰相范蠡にちなむ（越の宰相范蠡は美女西施を敵対する呉に送って呉王を惑わせ、呉越の戦いに勝利した）。

▲左　越の宰相范蠡にちなむ蠡園。　▲右　繰り抜かれた洞門は景色を切りとる

鼋頭渚 鼋头渚 yuán tóu zhǔ ユゥエントウチュウ ［★☆☆］

太湖湖畔から半島状に伸びる充山の西端に位置する鼋頭渚。1918年に造営され、三方向を湖に囲まれた太湖有数の景観をもつことで知られる。鼋頭渚という名前は、すっぽん（鼋）が頭を湖につっこんだようなかたちをしていることにちなむ（「すっぽんの頭の渚」）。あたりは風景区となっていて、神仙が棲むという太湖仙島が湖上に浮かび、摩崖石仏が見られる大覚湾石窟、また半島部には仏教寺院の広福寺、江南蘭苑などが点在する。

江蘇省

梅園 梅园 méi yuán メイユュエン ［★☆☆］

無錫市街から南西5kmの滸山に位置する梅園。ここは清代末期、官吏徐殿一の小桃園があったところで、1912年、無錫の民族資本家、栄氏兄弟が手に入れた。梅園という名前は造園にあたって梅の木が数千本植えられたことにちなみ、園内には楼閣や亭が点在する。とくに1930年、栄氏兄弟の母の80歳（傘寿）を記念して建てられた高さ18mの念劬塔からは太湖をのぞむことができる。

【MEMO】

CHINA
江蘇省

三国影視城 三国影视城 sān guó yǐng shì chéng
サングゥオインシィチャン［★☆☆］

太湖の岸辺に造営され、映画の撮影などでも使われるテーマパークの三国影視城。江南に拠点をおいた呉王の宮殿（曹操の魏と劉備の蜀と争った）、呉の水軍、劉備が関羽や張飛と義兄弟のちぎりを交わした桃園、諸葛孔明の戦略で曹操を破った赤壁の桟道など、三国志の舞台が再現されている。

水滸城 水浒城 shuǐ hǔ chéng シュイフウチャン［★☆☆］
三国影視城に隣接する水滸城は、『水滸伝』をモチーフにし

▲左　無錫は太湖を抱える観光都市。　▲右　巨大な現代建築の無錫博物館

たテーマパーク。水滸伝は108人の群盗や豪傑が梁山泊へ集まり、悪事を働く官吏などを成敗していく物語で、演劇や小説などで長らく人々に愛されてきた。水滸城ではCCTV（中国中央電視台）の『水滸伝』の撮影で利用された宋代の街並みを見ることができる。

太湖新城 太湖新城
tài hú xīn chéng タイフウシンチャン [★☆☆]
改革開放がはじまった1980年代から多くの人が流入し、無錫の市域が拡大した。太湖新城は無錫旧城の南部に新たに

計画された中央商務区（CBD）で、西と南に太湖が広がり、東に京杭大運河が流れている。行政、文化施設、金融街や研究施設も集まる新市街となっている。

無錫市民中心 无锡市民中心 wú xī shì mín zhōng xīn
ウーシーシィミンチョンシン ［★☆☆］
無錫市民中心は、太湖新城の中心に建てられた文化芸術の発信地。湖面に沿うように設計されている。

無錫博物館 无锡博物馆
wú xī bó wù guǎn ウーシーボォウゥグァン [★☆☆]

京杭大運河のほとりに整備された太湖広場の一角に立つ無錫博物館。無錫の歴史や民俗「無錫歴史陳列」のほか、書画や陶磁器、恵山泥人形などの展示も見られる。近くには無錫図書館などの大型施設も位置し、太湖大道が太湖、太湖新城、無錫旧城を結んでいる。

Guide, Wu Xi Xin Qu
無錫新区城市案内

蘇州高新区、蘇州工業園区とともに
無錫新区は蘇南地域を代表する開発区
日系企業も多く進出している

無錫新区 无锡新区
wú xī xīn qū ウーシーシンチュウ [★☆☆]

無錫東部の開発は改革開放を受けた1980年代にはじまり、1992年、無錫高新技術開発区が整備され、1995年、無錫新区へと生まれ変わった。上海まで130kmの地の利や、人口密集地帯の長江デルタへのアクセスのよさ、また税制の緩和など地元政府の誘致もあって外資系企業が多く進出するようになった。21世紀に入ってから上海や蘇州の土地や人件費が高騰するなかで、無錫新区が注目されるようになり、半導体から日用品まで幅広い分野の企業が集まっている。

【地図】無錫新区

【地図】無錫新区の [★☆☆]

- □ 無錫新区 无锡新区 ウーシーシンチュウ
- □ 京杭大運河 京杭大运河 ジンハンダァユンハァ
- □ 梅里 梅里 メイリイ

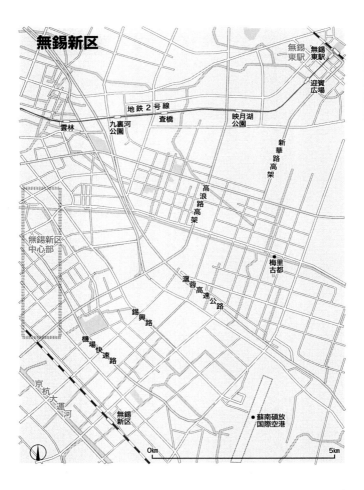

【地図】無錫新区中心部の [★☆☆]

- [ ] 無錫新区 无锡新区 ウーシーシンチュウ
- [ ] 東亜風情街 东亚风情街 ドンヤアフェンチンジエ
- [ ] 京杭大運河 京杭大运河 ジンハンダァユンハァ

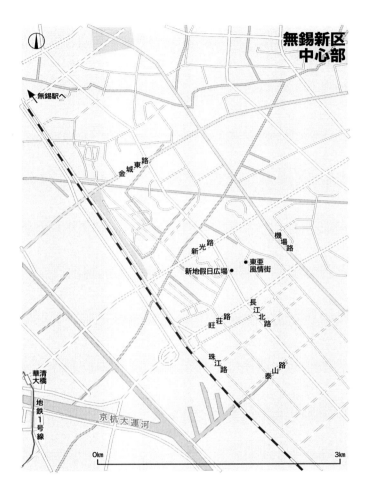

江蘇省

東亜風情街 东亚风情街
dōng yà fēng qíng jiē ドンヤアフェンチンジエ [★☆☆]
日本料理店がならび、日本商業街とも呼ばれる東亜風情街。近くにはショップやレストランが入居する複合ショッピングモール新地假日広場が立つ(1980年代にリリースされた日本の歌『無錫旅情』も日本人の親無錫観を高めたと言われる)。

改革開放で生まれた郷鎮企業

20世紀末まで無錫郊外には農村が広がっていたが、改革開放の流れを受けた1980年代から農村自体が工業化するとい

うモデルが無錫や蘇州で見られた。中国には中央から、省、市、県、郷、鎮、村へいたる行政単位があり、農村戸籍をもつ郷、鎮、村の人々が郷鎮企業をつくって自らの所得を拡大させていった（中国では、都市戸籍と農村戸籍に差があり、農村戸籍者は都市で社会保障を受けられないなどの問題があった）。無錫や蘇州は上海の企業の下請けを行なうのに適した距離や労働力をもつ利点があり、改革開放の波を受けて郷鎮企業は右肩あがりの成長を続けた。これら郷鎮企業の多くが拠点をおいたのが、無錫郊外にあたった錫山区（当時の無錫県）で、現在は無錫新区に統合されている。

Guide, Wu Xi Jiao Qu
無錫郊外城市案内

CHINA
江蘇省

無錫の新たな顔となった高さ88mの超巨大大仏
古代中国の呉の都がおかれた梅里
また明代の旅人、徐霞客の故居が位置する

霊山大仏 灵山大佛
líng shān dà fú リンシャンダァフウ [★★☆]

太湖の北岸から南に突き出した馬山半島にそびえる霊山大仏。1997年に造営された青銅製の超巨大大仏で、基壇9m、釈迦牟尼像79mをあわせて縁起のいい高さ88mになる。この大仏の前方には、大仏の手のひらが実寸（7m）でかたどられた「天下第一掌」も見られる。この地には唐宋時代、祥符寺があったと伝えられ、古刹が再建されているほか、霊山仏教文化博覧館も開館している。

無錫郊外城市案内 Wuxi

梅里 梅里 méi lǐ メイリイ ［★☆☆］

春秋時代の「呉越の戦い」で知られる呉国の最初の都がおかれた梅里。伝説では殷末（紀元前 11 世紀ごろ）、周太王の太伯と仲雍がこの地へ逃れ、人々の信任を得て勾呉国を建国した。やがて紀元前 514 年に呉王闔閭が蘇州に都を造営して遷都され、呉は春秋時代の中国でもっとも勢力をもった国のひとつになった。太湖周辺では、新石器時代（紀元前 3500 〜前 2200 年ごろ）の遺構も見られ、古くから人類が生活を営んでいたこともわかっている。

【地図】無錫郊外

【地図】無錫郊外の [★★★]
- ☐ 太湖 太湖タァイフウ

【地図】無錫郊外の [★★☆]
- ☐ 霊山大仏 灵山大佛リンシャンダァフウ
- ☐ 蠡園 蠡园リイユゥエン

【地図】無錫郊外の [★☆☆]
- ☐ 梅園 梅园メイユゥエン
- ☐ 三国影視城 三国影视城サングゥオインシィチャン
- ☐ 梅里 梅里メイリイ
- ☐ 呉文化公園 吴文化公园ウウウェンフゥアゴンユゥエン
- ☐ 徐霞客故居 徐霞客故居シュウシィアカァグウジュウ
- ☐ 無錫新区 无锡新区ウーシーシンチュウ

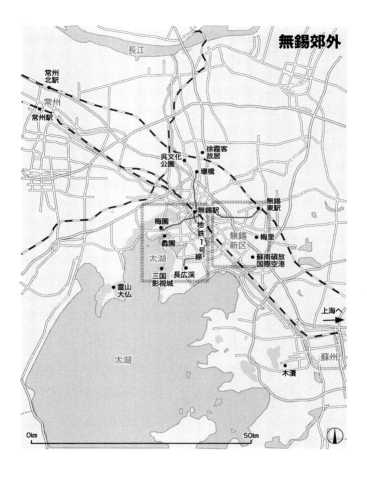

無錫郊外城市案内 Wuxi

CHINA
江蘇省

呉文化公園 吴文化公园 **Wú wén huà gōng yuán**
ウウウェンフゥアゴンユュエン ［★☆☆］

無錫の北10kmに位置する呉文化公園。紀元前6〜前5世紀の春秋時代にこの地にあった呉国の文化を紹介する公園で、博物館と庭園、江南の伝統住宅、水路の流れる美しい自然からなる（1984年に創建され、灌漑に利用する竜骨車も見られる）。春秋時代、この地には日本に渡来した弥生人との関係も指摘される文身、断髪をした非漢民族が暮らし、人々は魚米を食していた。

Wuxi 無錫郊外城市案内

徐霞客故居 徐霞客故居
xú xiá kè gù jū シュウシィアカァグウジュウ [★☆☆]

明代の地理学者、旅行家の徐霞客（1587～1641年）は、南京を中心とした南直隷江陰のこの地に生まれた。読書人階級の家庭で育った徐霞客は、22歳からなくなるまでの30年のあいだ旅を続け、当時、中華世界ではなかった雲南や貴州の少数民族や鍾乳洞の記録を残している。徐霞客故居は明代に建てられたあと、何度か再建され、徐霞客の墓と、明代書家が楷書や隷書などで記した晴山堂石刻を見ることができる。

城市の
うつり
かわり

今から3000年前に呉の都がおかれた無錫
北京と杭州を結ぶ大運河が走り
江南の豊かな物産がこの街へ運ばれてきた

古代（〜6世紀）

太湖湖畔の無錫あたりは、江南でもっとも早くから人類が居住したところで、今から3000年前、無錫梅里に最初期の呉の都がおかれていた。秦代以前、この地方の錫山から錫が産出され、争奪の対象となったが、やがて漢代には錫（すず）が枯渇して無錫と呼ばれるようになった（以上は伝承で錫があったという実証はないという）。漢の紀元前202年、無錫県がおかれ、地方官によるこの地の統治がはじまった。東晋時代（317年〜420年）、華北が異民族の支配を受けると、漢族の南下にともなって江南文化が発展し、東晋の画家顧愷

CHINA
江蘇省

之は無錫出身とするほか、同じく東晋の書聖王羲之の一族も無錫に居を構えていた。

隋唐宋元明清時代（7〜19世紀）

隋の煬帝は杭州と北京を結ぶ大運河を整備し、無錫旧城の南をこの運河が走ったことから、無錫は蘇州と鎮江を結ぶ要衝となった。唐宋代を通じて江南の開発が進むなか、太湖湖畔の無錫の地は「魚米の里」と呼ばれ、中国屈指の穀倉地帯を構成するようになっていた（また綿や絹の家内制手工業も発達した）。江南で収穫される米の集散地という性格は、清代

▲左　無錫駅前の様子、上海、蘇州などと結ばれている。　▲右　清名橋古運河景区にて

とくに顕著になり、長沙（湖南）、九江（江西）、蕪湖（安徽）とともに中国四大米市にあげられていた。

近代（19〜20世紀）

アヘン戦争以後の1842年に上海が開港されると、上海租界にイギリスの銀行や商社が進出し、中国の近代化、工業化がはじまった。無錫では1897年に近代工場が設立され、外国資本の入っていない中国人自身による民族資本によって工業化が進められた。それほど大きくない都市規模に対して、高い工業力をもつ無錫は「小上海」と呼ばれ、中国有数の工業

CHINA
江蘇省

都市へと成長をとげた。日中戦争中の1937年、日本軍の侵攻で陥落し、その統治を受けるが、1949年以後も無錫は中国有数の工業都市としての歩みを続けた。

現代（1980年〜）

中国で最初期に工業化が進んだ無錫は、1981年の時点で中国の15大経済中心都市のひとつに名をつらねていた。外資と資本主義の要素をとり入れる改革開放がはじまると、重慶や瀋陽といった伝統的な工業都市に対して、無錫や蘇州では農村自体が工業化する郷鎮企業が出現した。中国最大の経済

Wuxi 城市のうつりかわり

都市上海への近い立地を活かして、1980年代には多くの郷鎮企業が成長をとげ、1990年代には外資系企業も多く進出するようになった。現在、無錫は長江デルタ経済圏の一角を構成し、これまでの工業からソフトウェア、観光といった産業も注目されるようになっている。

参考文献

『中国郷鎮企業の民営化と日本企業』(関満博 / 新評論)

『中国の歴史散歩』(山口修・鈴木啓造 / 山川出版社)

『長江デルタにおける日系企業：上海・杭州・無錫の経済開発区を事例として』(白明・秦斌・丁云 / 経済経営論集)

『中国近代産業発達史』(厳中平 / 校倉書房)

『中国の伝統的工芸文化にみられる意匠権』(肖穎麗・宮崎清・植田憲・張福昌 / デザイン学研究)

『長江デルタにおける都市拡大の比較研究』(季増民 / 椙山女学園大学研究論集)

『明季党社考』(小野和子 / 同朋舎出版)

『世界大百科事典』(平凡社)

[PDF] 無錫地下鉄路線図 http://machigotopub.com/pdf/wuximetro.pdf

まちごとパブリッシングの旅行ガイド
Machigoto INDIA , Machigoto ASIA , Machigoto CHINA

【北インド - まちごとインド】

001 はじめての北インド
002 はじめてのデリー
003 オールド・デリー
004 ニュー・デリー
005 南デリー
012 アーグラ
013 ファテープル・シークリー
014 バラナシ
015 サールナート
022 カージュラホ
032 アムリトサル

【西インド - まちごとインド】

001 はじめてのラジャスタン
002 ジャイプル
003 ジョードプル
004 ジャイサルメール
005 ウダイプル
006 アジメール(プシュカル)
007 ビカネール
008 シェカワティ
011 はじめてのマハラシュトラ
012 ムンバイ
013 プネー
014 アウランガバード
015 エローラ
016 アジャンタ
021 はじめてのグジャラート
022 アーメダバード
023 ヴァドダラー(チャンパネール)

024 ブジ(カッチ地方)

【東インド - まちごとインド】

002 コルカタ
012 ブッダガヤ

【南インド - まちごとインド】

001 はじめてのタミルナードゥ
002 チェンナイ
003 カーンチプラム
004 マハーバリプラム
005 タンジャヴール
006 クンバコナムとカーヴェリー・デルタ
007 ティルチラパッリ
008 マドゥライ
009 ラーメシュワラム
010 カニャークマリ
021 はじめてのケーララ
022 ティルヴァナンタプラム
023 バックウォーター(コッラム〜アラップーザ)
024 コーチ(コーチン)
025 トリシュール

【ネパール - まちごとアジア】

001 はじめてのカトマンズ
002 カトマンズ
003 スワヤンブナート

004 パタン
005 バクタプル
006 ポカラ
007 ルンビニ
008 チトワン国立公園

【バングラデシュ - まちごとアジア】

001 はじめてのバングラデシュ
002 ダッカ
003 バゲルハット（クルナ）
004 シュンドルボン
005 プティア
006 モハスタン（ボグラ）
007 パハルプール

【パキスタン - まちごとアジア】

002 フンザ
003 ギルギット（KKH）
004 ラホール
005 ハラッパ
006 ムルタン

【イラン - まちごとアジア】

001 はじめてのイラン
002 テヘラン
003 イスファハン
004 シーラーズ
005 ペルセポリス
006 パサルガダエ（ナグシェ・ロスタム）
007 ヤズド
008 チョガ・ザンビル（アフヴァーズ）
009 タブリーズ

010 アルダビール

【北京 - まちごとチャイナ】

001 はじめての北京
002 故宮（天安門広場）
003 胡同と旧皇城
004 天壇と旧崇文区
005 瑠璃廠と旧宣武区
006 王府井と市街東部
007 北京動物園と市街西部
008 頤和園と西山
009 盧溝橋と周口店
010 万里の長城と明十三陵

【天津 - まちごとチャイナ】

001 はじめての天津
002 天津市街
003 浜海新区と市街南部
004 薊県と清東陵

【上海 - まちごとチャイナ】

001 はじめての上海
002 浦東新区
003 外灘と南京東路
004 淮海路と市街西部
005 虹口と市街北部
006 上海郊外（龍華・七宝・松江・嘉定）
007 水郷地帯（朱家角・周荘・同里・甪直）

【河北省 - まちごとチャイナ】

001 はじめての河北省
002 石家荘
003 秦皇島
004 承徳
005 張家口
006 保定
007 邯鄲

【江蘇省 - まちごとチャイナ】

001 はじめての江蘇省
002 はじめての蘇州
003 蘇州旧城
004 蘇州郊外と開発区
005 無錫
006 揚州
007 鎮江
008 はじめての南京
009 南京旧城
010 南京紫金山と下関
011 雨花台と南京郊外・開発区
012 徐州

【浙江省 - まちごとチャイナ】

001 はじめての浙江省
002 はじめての杭州
003 西湖と山林杭州
004 杭州旧城と開発区
005 紹興
006 はじめての寧波
007 寧波旧城
008 寧波郊外と開発区
009 普陀山
010 天台山
011 温州

【福建省 - まちごとチャイナ】

001 はじめての福建省
002 はじめての福州
003 福州旧城
004 福州郊外と開発区
005 武夷山
006 泉州
007 廈門
008 客家土楼

【広東省 - まちごとチャイナ】

001 はじめての広東省
002 はじめての広州
003 広州古城
004 天河と広州郊外
005 深圳（深セン）
006 東莞
007 開平（江門）
008 韶関
009 はじめての潮汕
010 潮州
011 汕頭

【遼寧省 - まちごとチャイナ】

001 はじめての遼寧省
002 はじめての大連
003 大連市街
004 旅順
005 金州新区

006 はじめての瀋陽
007 瀋陽故宮と旧市街
008 瀋陽駅と市街地
009 北陵と瀋陽郊外
010 撫順

【重慶 - まちごとチャイナ】

001 はじめての重慶
002 重慶市街
003 三峡下り(重慶〜宜昌)
004 大足

【香港 - まちごとチャイナ】

001 はじめての香港
002 中環と香港島北岸
003 上環と香港島南岸
004 尖沙咀と九龍市街
005 九龍城と九龍郊外
006 新界
007 ランタオ島と島嶼部

【マカオ - まちごとチャイナ】

001 はじめてのマカオ
002 セナド広場とマカオ中心部
003 媽閣廟とマカオ半島南部
004 東望洋山とマカオ半島北部
005 新口岸とタイパ・コロアン

【Juo-Mujin(電子書籍のみ)】

Juo-Mujin 香港縦横無尽
Juo-Mujin 北京縦横無尽
Juo-Mujin 上海縦横無尽

【自力旅游中国 Tabisuru CHINA】

001 バスに揺られて「自力で長城」
002 バスに揺られて「自力で石家荘」
003 バスに揺られて「自力で承徳」
004 船に揺られて「自力で普陀山」
005 バスに揺られて「自力で天台山」
006 バスに揺られて「自力で秦皇島」
007 バスに揺られて「自力で張家口」
008 バスに揺られて「自力で邯鄲」
009 バスに揺られて「自力で保定」
010 バスに揺られて「自力で清東陵」
011 バスに揺られて「自力で潮州」
012 バスに揺られて「自力で汕頭」
013 バスに揺られて「自力で温州」

【車輪はつばさ】
南インドのアイラヴァテシュワラ寺院には建築本体に車輪がついていて寺院に乗った神さまが人びとの想いを運ぶと言います。

・本書はオンデマンド印刷で作成されています。
・本書の内容に関するご意見、お問い合わせは、発行元の
　まちごとパブリッシング info@machigotopub.com までお願いします。

まちごとチャイナ
江蘇省005無錫
〜「太湖湖畔」風光明媚の地［モノクロノートブック版］

2017年11月14日　発行

著　者	「アジア城市（まち）案内」制作委員会
発行者	赤松　耕次
発行所	まちごとパブリッシング株式会社
	〒181-0013　東京都三鷹市下連雀4-4-36
	URL　http://www.machigotopub.com/
発売元	株式会社デジタルパブリッシングサービス
	〒162-0812　東京都新宿区西五軒町11-13
	清水ビル3F
印刷・製本	株式会社デジタルパブリッシングサービス
	URL　http://www.d-pub.co.jp/

MP127

ISBN978-4-86143-261-3 C0326　　　Printed in Japan
本書の無断複製複写（コピー）は、著作権法上での例外を除き、禁じられています。